中国

Zhōngguó

China

澳大利亚

Àodàlìyà

Australia

加拿大

Jiānádà

Canada

法国

Fǎguó

France

英国

Yīngguó

Britain

美国

Měiguó

America

伦敦

Lúndūn

London

纽约

Niǔyuē

8.

New York

悉尼

Xīní

Sydney

温哥华

Wēngēhuá

Vancouver

巴黎

Bālí

Paris

早上

zǎoshang

morning

晚上

wǎnshang

evening

两 点

liǎng diǎn

2 o'clock

六 点

liù diǎn

6 o'clock

十 点 半

shí diǎn bàn

half past ten

十二点半

shí'èr diǎn bàn

half past twelve

今天
jīntiān

today

昨 天

zuótiān

yesterday

明 天
míngtiān

tomorrow

星期一

xīngqīyī

Monday

星期二

xīngqī'èr

Tuesday

星期三

xīngqīsān

Wednesday

星期四

xīngqīsì

Thursday

星期五

xīngqīwǔ

Friday

星期六

xīngqīliù

Saturday

星期日
xīngqīrì

Sunday

学校　　xuéxiào

school

park

公 园　gōngyuán

bus stop

车 站　chēzhàn

超市　chāoshì

supermarket

store

百货商店

商店 shāngdiàn

post office

邮局
yóujú

图书馆
túshūguǎn

library

厨房　chúfáng

kitchen

花园　huāyuán

garden

卧室

wòshì

bedroom

书房　shūfáng

study

客厅 kètīng

living room

阳台　yángtái

balcony

卫生间 wèishēngjiān

bathroom

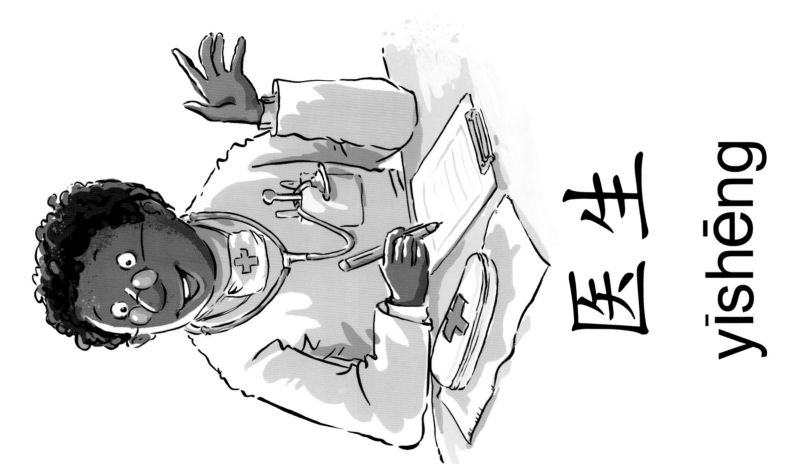

医生

yīshēng

doctor

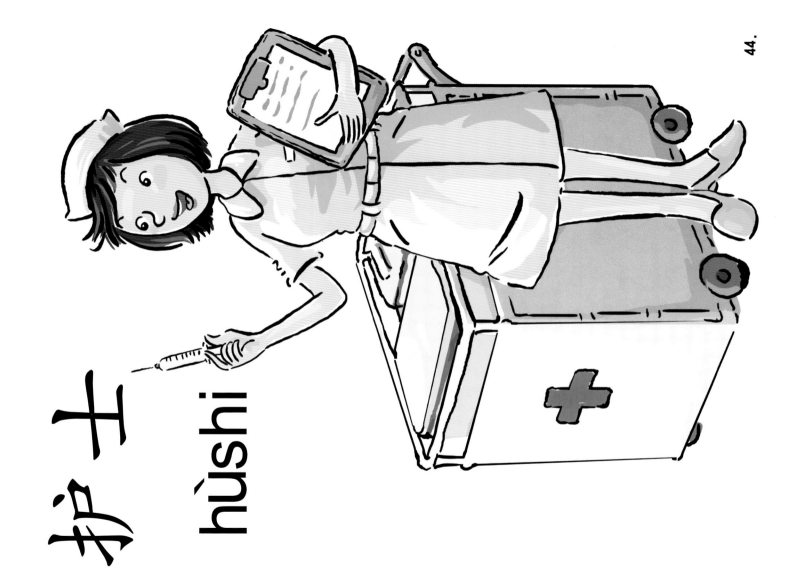

护 士

hùshi

nurse

工人

gōngrén

worker

农民

nóngmín

farmer

警察

jǐngchá

policeman

司机
sījī

driver

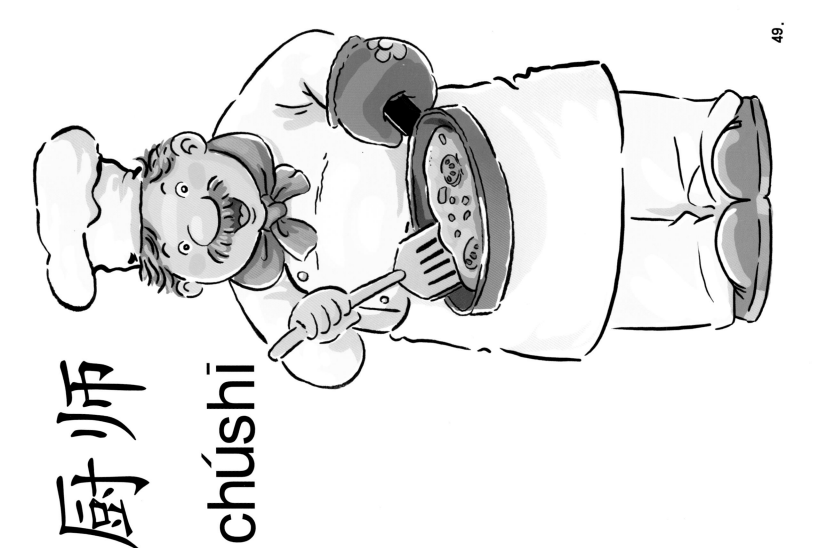

厨师
chúshī

cook

2B—7

职员
zhíyuán

clerk

音乐家
yīnyuèjiā

musician

科学家

kēxuéjiā

scientist

画家

huàjiā

painter

作家

zuòjiā

writer

演员

yǎnyuán

actor

运动员

yùndòngyuán

56.

athlete

狗

gǒu

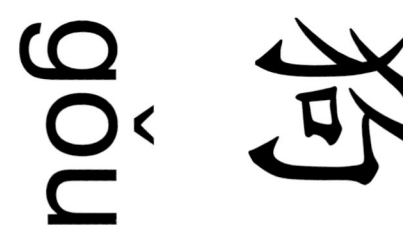

dog

兔子

tùzi

rabbit

鸟

niǎo

bird

金鱼
jīnyú

goldfish

猫 māo

cat

马 mǎ

horse

山

shān

mountain

树

shù

tree

河　hé

river

flowers

花
huā

grass

草

cǎo

绿色

lǜsè

green

黄色
huángsè

yellow

白 色
báisè

white

红色

hóngsè

red

黑色
hēisè

black

蓝色
lánsè

blue

棕色

zōngsè

brown

毛衣

máoyī

sweater

外套
wàitào

coat

裙子

qúnzi

skirt

裤子

kùzi

pants

袜子

wàzi

socks

帽子

màozi

cap

鞋
xié

shoes

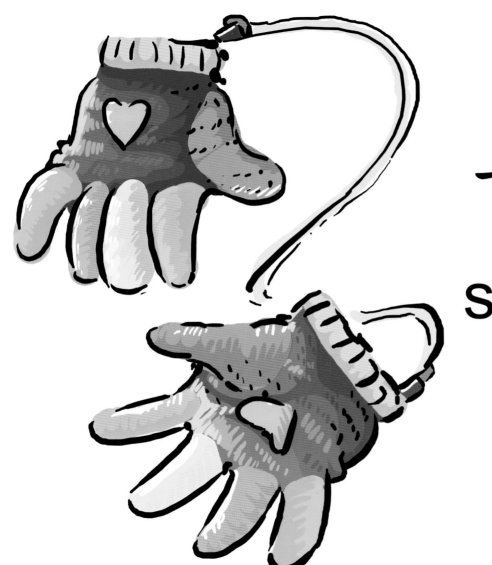

手套

shǒutào

gloves